D1565309

Marisol Casola: Besada por el éxito

Marybel Torres

Marisol Casola: Besada por el éxito

Primera edición, Miami 2020

ISBN: 9798555864536

Texto: **Marybel Torres** @lanotalatina

Corrección de textos: **Silvia C. Rodríguez** @silviarodaut

Edición: **Anna Muller** @annamullery

Prólogo: **Rodolfo R. Pou** @rodolfo_r_pou

Diseño de Portada: **Bonny Art** @bonny_arts

Impreso en los Estados Unidos de América.

Dedicatoria

Comienzo estas palabras de gratitud ofreciendo una disculpa a familiares o amigos que compartieron conmigo momentos importantes de mi vida y no están reflejados en esta dedicatoria. Espero que me comprendan, porque en este pedacito de papel no hay suficiente espacio para todos.

A mis hijos Perla y Charlie, elixir de mi existencia, mi todo.
A mi esposo Carlos Casola, el amor manifestado.
A mis padres Ramona y Rafael, amores incondicionales de mi vida. Ejemplo de mis valores.
A mi hermano Rafael, compañero y amigo fiel de mis días.
A mis tíos, ejemplo de perseverancia.
A mis abuelos, por enseñarme el amor por la naturaleza, la humildad y la autenticidad.
A mi suegra, Sergia "Tuntuna" Casola, por mostrarme el don de la paciencia.
A República Dominicana, por darme su luz y su amor.

Por último, se lo dedico a ustedes, amigos lectores, quienes tienen entre sus manos mi historia, la cual decidí entregar, a mis 53 años, a mi amiga Marybel Torres, para que la escribiera y pudieran conocer un poco más sobre mí.
Quiero decirles que sí se puede lograr el éxito cuando se trabaja con determinación y no dejamos de soñar; cuando se vive con humildad y alegría como lo hago a diario, a pesar de las vicisitudes. La vida tiene un poco de dulce y de amargo y, de alguna forma, siempre somos besados por el éxito.

Marisol Casola

Índice

Prólogo

Cuando a uno se le solicita ceder diptongos y parábolas para describir a modo de introducción, la vida de una persona, a veces hay que limitarse a escribir, y preferiblemente circunscribirse a tan solo pincelar con acuarelas pálidas y pasteles, lo que el autor y la historia a continuación están a punto de esbozar en tintas melódicas en re menor.

Y así opto por iniciar este prólogo…

En mi interés de acercarme a la comunidad dominicana del sur de la Florida, de la cual me había autoexcluido sin motivo alguno, regresé a vivir a Miami después de haber estado una docena de años en la Patria, opté por llegar a ella, sosteniendo conversaciones con los miembros de mi diáspora, que pasaban desapercibidos fuera de la luz pública, en la cotidianidad de lograr el sueño americano. Con sus acciones diarias construyen patria en casa ajena.

Una de las primeras personas con las que me sentaría a conversar, fue la ocupadísima, radiante y creativa Marisol Rodríguez, hoy de apellido Casola. Ambos sacamos tiempo para compartir un café y conectar la llegada con la ida, para ver de qué forma, a pesar de todo, algún día nos visualizamos regresando. Aunque fuese en espíritu.

La emprendedora que desde hace más de una década encabeza el negocio "La Per Beauty Salon" nunca

9

ha dejado de sonreírle a la vida y al porvenir, a pesar de las repetidas adversidades. Al comenzar nuestro intercambio deja escapar pequeñas carcajadas: me confía que de niña y joven llevaba el cariñoso sobrenombre de *Solapa*, liberando un carisma único, el cual estuvo presente a lo largo del intercambio.

Puede que estuviera condicionado a su historia desde antes de sentarnos. Pues yo, como hijo de madre soltera, que además es peluquera, de antemano me sentía identificado, aún sin saber la complejidad de lo que estaría a punto de escuchar. Y así fue. Entre penurias y sonrisas, sacrificios y retribución, lo tocamos todo. O por lo menos eso pensaba. El detalle de su historia cobraría más sentido y se haría más evidente cuando hace unos meses, en un timbre dulce y suramericano, Marybel Torres me llamaría con interés de expandir esa conversación a una biografía. No partiendo de ella, sino construyendo sobre la voz de fondo que se leía entre sus líneas.

Les confieso, con el mayor de los agrados, que luego de haber leído el recital biográfico que ha surgido de la pluma de Marybel Torres, he registrado en ello una elocuencia fluida de verbos y contextos, que describen la historia de un inmigrante que encontró felicidad cuando optó por salir de la sombra para dejar que su propia luz la iluminara.

En el relato que bien ejercita Torres no hay desperdicio ni innecesarios adornos didácticos. La historia irradia luz sobre el porvenir y las adversidades de una persona que fue capaz de guardar quimeras, aun no teniendo sueños.

Desde la milicia y la disciplina que le rigiera; desde la televisión que le proyectara; desde el amor que le esquivara; desde el porvenir que se le presentara. En cada espacio que existe entre los párrafos y entre las palabras, separar a Marybel de Marisol es imposible. Como lo es también apartarla de nuestras historias individuales.

Conocerla es poder ver más allá de los lentes *fashionables* que la caracterizan. Admirarla es poder superar la imagen que proyecta con tijera, *blower* y cepillo en mano. Comprenderla es poder ver más allá de su sonrisa. Abrazarla es poder conocer su historia y, a su vez, vernos en ella.

Rodolfo R. Pou

La luz en República Dominicana

Marisol Rodríguez Herrera, a quien hoy se le conoce como Marisol Casola, estaba predestinada para ser una mujer diferente. Su mamá, Ramona *Nenita* Herrera de Rodríguez, lo supo aquella fresca mañana del 4 de diciembre del año 1968 cuando rompió fuente y tuvo que ser llevada aprisa por su esposo Rafael Rodríguez Santiago al hospital militar San Isidro de República Dominicana para dar a luz a su primogénita, por un parto natural. Dos años después nació su único hermano, Rafael Rodríguez Herrera.

Las monjas del hospital le dieron la bienvenida a una niña muy blanca y risueña. «Sentí una inmensa felicidad al tenerla entre mis brazos: era preciosa, radiante y por eso decidimos llamarla Marisol; realmente era un sol», recuerda Nenita con emoción y brillo en sus ojos. Su papá manifestó: «cuando cargué a ese copo de nieve aprecié que era nuestra bendición de bien».

El nacimiento de Marisol trajo gozo a sus progenitores y generó mucho asombro en su pueblo. Nació con abundante cabellera: lisa y brillante como la seda. Nadie en ese hospital en el que han nacido cientos de niños dominicanos, recordaba haber visto o escuchado de un caso semejante.

La noticia se divulgó por el hospital. La habitación donde se encontraba la nena de pelo profuso que parecía una muñeca, permanecía llena de personas que querían conocerla. Las monjas y el padre de ese centro de salud decidieron cortarle la cabellera para aquietar las voces asombradas y los cuchicheos de pasillo.

Su madre sintió en su corazón que su hija estaba predestinada para cumplir algún designio grande del Creador. Su motivadora historia tiene de dulce y de amargo, como la vida misma.

Reina militar

Llamar la atención de la gente ha sido un hecho constante en su vida, aunque no siempre lo haya buscado. En los paseos con sus padres, muy a menudo, las personas se acercaban para acariciarla y comentaban que era "una muñeca".

Caminó a los siete meses. Era muy inquieta, curiosa, despierta, bella y feliz, estado que siempre manifestaba riéndose a carcajadas. Estas cualidades no podían pasar inadvertidas en el barrio militar de San Isidro de República Dominicana, donde vivió parte de su niñez.

A los ocho años, la Solapa, como la llamaban sus padres de cariño, porque la niña estaba tan apegada a ellos como lo está la solapa a un saco, fue seleccionada Reina del Carnaval del asentamiento miliar donde trabajó su papá como controlador de vuelo de la Fuerza Aérea. Ese día fue especial tanto para su mamá como para ella y ambas aun lo recuerdan porque las marcó de manera positiva. Nenita hizo campaña para que su hija ganara y trabajó más de lo normal para poder comprarle la tela para el vestido, los zapatos, el cetro y la corona. Sería un orgullo para la familia que se coronara como reina de los militares.

***

El carnaval es una de las celebraciones más coloridas, vibrantes y de mayor tradición en la isla antillana, que coincide con la celebración de la independencia, el 27 de febrero. La gente sale de sus casas a disfrutar de los desfiles de comparsas, disfraces, máscaras y de los diablos cojuelos con sus trajes de capa cubiertos de espejos y cascabeles.

***

El vestido fue encargado a la tía Altagracia, hermana de Nenita, quien era costurera. Al recogerlo se encontraron con la sorpresa que no estaba terminado. El caso fue que sin vestido no se presentaría la reina, por lo que decidieron esperar a la señora hasta que lo finalizara. El traje blanco de organza les fue entregado a la media noche; debido a este percance perdieron el autobús de regreso, así que ambas se vieron obligadas a caminar varios kilómetros por un trayecto terregoso en aquella oscura madrugada.

"San Marcos de León", el santo patrono de Venecia, Italia, el mismo que el catolicismo señala como el que amansa la draga y el dragón y al cual se le reza cuando se desea evitar situaciones violentas y amenazas, fue el compañero silencioso de Marisol y su mamá, quien lo invocó durante el largo trayecto para que no les pasara nada y llegaran a salvo.

El regaño del padre quedó olvidado horas más tarde. La hija que iluminaba las vidas de Ramona y Rafael fue coronada en medio de la algarabía de la gente que presenciaba el evento, mientras sonaba el merengue de Jhonny Ventura y se esparcían los caramelos y el arroz pintado en diferentes colores. El fulgor de los fuegos artificiales selló la memorable jornada.

«Ese día, estaba tan bella que parecía bajada del cielo», refirió su mamá.

Vacaciones: vacas y flores

Los abuelos paternos de Marisol: Joaquín y Bienvenida, eran agricultores. Vinicio, uno de los nueve hermanos del padre de Marisol aún conserva la finca familiar "Villa Trina", ubicada en Moca, uno de los lugares preferidos de su hermano Rafael.

Marisol disfrutaba de esos paseos a pesar de que les tenía miedo a los sapos, a la oscuridad que a partir de las seis de la tarde inundaba el lugar y a la letrina, porque pensaba que de un momento a otro sería tragada por el hueco mientras hacía sus necesidades fisiológicas. Recuerda que para ella representaba una gran diversión montarse en burro para llegar a la colina en la que estaba localizada la humilde vivienda hecha de tablas asimétricas, techo de paja, con catres para dormir y suelo de bahareque pisado.

El agua fría del río servía no solo para echarse los más ricos chapuzones en compañía de su querido hermano y de sus primos, sino que la usaban para lavar la ropa e incluso para tomarla. Todo lo que comían era cultivado allí, incluyendo el aromático café que servían en las mañanas con la leche recién ordeñada de las vacas. Su abuela usaba la nata para elaborar mantequilla casera. Bendecir los alimentos fue una costumbre que heredó de sus abuelos paternos, quienes comían después de agradecer a Dios con una oración.

Su hermano Rafael pasaba las vacaciones escolares en el campo con su familia paterna y Marisol se dividía entre el campo y la ciudad con los parientes de su madre. Le encantaba visitar a la tía Nieves, ya que vivía en una casa grande llena de flores y comodidades.

Su hermano evocó una historia de esos felices momentos que compartió con su querida hermana en una de las visitas a la finca. «Realmente tuvimos una niñez muy feliz, siempre hemos sido inseparables. Un día estábamos recogiendo mandarinas en un sembradío que estaba un poco apartado de la casa de los abuelos. De pronto vimos a unos indios montados en sus caballos, me impresionó muchísimo. Huimos despavoridos, dejando olvidadas las frutas».

Marisol, en cambio, recordó un episodio doloroso de su niñez con su hermano: «Soy muy unida a mi hermano. Siempre andábamos juntos y lo protegía. Trataba de que no le pasara nada, aunque él era muy travieso. Una vez se cayó y se rompió la pierna. En otra ocasión casi pierde la vida cuando se quemó jugando con fuegos artificiales. Esa experiencia fue muy fuerte porque me sentí indefensa al no poder ayudarlo de inmediato mientras él corría por la calle con su ropa prendida en llamas».

***

La tía Nieves, una de las nueve hermanas de su mamá – tres varones y seis mujeres – tiene su propio cuento de hadas: un militar que estaba por Santiago, lugar donde vivían en ese momento los padres de Nenita y sus hermanos mayores, quedó impactado de la belleza de Nieves cuando la vio lavando ropa cerca de un río. Se enamoró de inmediato, se casaron y la llevó a vivir a la capital. .

***

Marisol esperaba con ansias las vacaciones de la escuela para ir a la casa de su tía Nieves. De ella aprendió muchas cosas: a sentarse de forma correcta en la mesa, utilizar los cubiertos y adornar los espacios con flores frescas, lo cual estimuló la creatividad aplicada a la decoración. También adquirió el gusto por todo lo que brilla, como las lentejuelas.

Helados y palomitas: así comenzó

La niña de larga cabellera disfrutaba ir los fines de semana al terreno de su padre a sembrar y recoger la cosecha. El lugar se encontraba cerca de la Base Militar de San Isidro, en un sector llamado Bonito, que más tarde sería el sitio en el que la familia construiría su casa.

«Bonito, no era tan bonito. No sé quién le puso el nombre. Fue un lugar que familias pobres construyeron sin planificación. Las calles eran de tierra y todas las casas estaban a medio construir, incluyendo la nuestra, pero allí viví una infancia tranquila y llena de juegos con mis amigas, entre ellas Belky Morel de Oleo, quien incluso estuvo conmigo en el servicio militar», refirió Marisol sobre su querido y siempre evocado pueblo.

Mientras construían su casa, a Marisol le gustaba ir a sembrar en la parcela de Bonito con su papá y su hermano. Disfrutaba el olor y el contacto con la tierra; jugar con los animalitos: chivos, patos y gallinas. «Mi mamá se quedaba en la casa cocinando. Ella me enseñó a cocinar todo lo que mi papá sembraba. Le llevábamos yuca, berenjena y otros vegetales frescos para que los cocinara. Preparaba los vegetales para que semejaran carne porque no teníamos dinero para comprar carne de res. Me siguen gustando sus albóndigas con vegetales y los pastelones de berenjena», evocó Marisol sobre la sabrosa cocina de su mamá.

Con la ayuda de su padre, en las noches elaboraba helados de coco que vertía en unas bolsitas de plástico

21

cerradas con un nudito. Al siguiente día los llevaba a la escuela "Nuestra Señora del Perpetuo Socorro" en un *cooler* de anime para venderlos a la sombra de un frondoso Framboyán.

«¿Imaginas cómo se vendían? Comer algo fresco bajo el sol dominicano era una gran bendición», recordó Marisol.

Cuando sus compañeritos no alcanzaban a degustar de un helado, se presentaban en su casa para buscarlo. Su vivienda, en los primeros años de su infancia, siempre estuvo repleta de muchachitos que iban a comprar algo o a jugar. Como una especie de imán, eran atraídos por la niña feliz.

«Marisol fue una niña obediente y siempre mostró interés por el progreso, por eso siempre traté de apoyarla en todos sus inventos, cómo no hacerlo si era una niña tan entusiasta y a la que amábamos», comentó su padre.

Otro emprendimiento de esa época fue vender palomitas de maíz, tarea en la que también la ayudaba su papá, quien le enseñó a cerrar herméticamente los empaques. Su padre derretía velas y con la cera pegaba el cuadrante elástico.

«Me ha gustado siempre tener mi propio *chelito* (dinero). A pesar de mi corta edad fui muy juiciosa y sentí la necesidad de producir. Aprendí a usar mi creatividad para cubrir la falta de recursos», dijo.

Marisol recuerda que ir a la escuela era toda una odisea. Tenía que caminar con su hermano cerca de dos horas para llegar. A pesar del sofocante sol y la larga caminata, la niña se las ingeniaba para que su falda plisada color caqui y su camisa azul planchada con almidón no terminaran estrujadas ni sucias gracias a que llevaba consigo una muda sustituta, porque siempre los camiones que cargaban la caña de azúcar levantaban nubes de tierra de la vía sin pavimentar que la cubrían a ella y a su hermano.

En aquel tiempo, el doctor Joaquín Balaguer dirigía el destino de los dominicanos. Era conocido por su "honestidad y autenticidad". Marisol recuerda que, a las familias con niños, el gobierno les proveía la leche, y las niñas obtenían de regalo una muñeca negra de trapo cada 6 de enero, Día de Reyes. También conserva en sus recuerdos a Polo, su primer amor.

Mal de ojo

Los emprendimientos de su niñez quedaron interrumpidos. A la edad de once años, Marisol fue víctima de una extraña enfermedad para la que ningún médico en República Dominicana encontraba la cura. Empezó con fiebres muy altas que no bajaban de 40 grados y falta de apetito. Sus padres estaban desesperados. La mamá de la pequeña estaba a punto de volverse loca al verla tan delgada, casi sin cabello y con la cabeza llena de pus.

Marisol fue llevada a un chequeo médico al hospital Villa Duarte, el principal centro hospitalario de la isla, construido en el año de 1950. Allí, uno de los doctores prácticamente la desahució. Sin embargo, a Nenita se le apareció en ese lugar un ángel con rostro de mujer quien le dijo: «Su Marisol tiene mal de ojo».

***

El mal de ojo es una creencia dominicana y de muchos países latinos que proviene del sincronismo africano. Se refiere a una mala energía que una persona envidiosa le transmite a otra y puede afectarle su salud e incluso, ocasionarle la muerte. Se sabe de experiencias que han sido objeto de estudio; incluso en la Biblia, el término es mencionado en el primer libro de Samuel, capítulo 18:8-9: «Saúl se irritó mucho, y esto lo desagradó, pues decía: "Dan diez mil a David y a mí, mil; nada le falta, si no es mi reino. Desde entonces miraba Saúl a David con malos ojos».

***

Marisol no usaba ningún tipo de amuleto como un azabache o cinta roja que, según la costumbre dominicana, se suele colocar en la muñeca para proteger contra el mal de ojo. Su mamá la llevó de inmediato con una rezandera recomendada por la señora del hospital. Al verla le dijo que la niña sufría de un mal de ojo muy fuerte. Le ofreció un remedio y pronunció estas palabras: «si no lo vomita, muere». Segundos después, Marisol expulsó una pasta negruzca, fea y hedionda. Unas horas más tarde ya presentaba un mejor semblante; sin embargo, su organismo estaba tan débil que a la niña le costó recuperarse y pasó mucho tiempo durmiendo bajo la tela de un mosquitero para impedir que le picaran los mosquitos y el resurgimiento de una infección en su cuero cabelludo, que tuvo que ser cortado al rape a causa del pus y las llagas.

La infección en su cabeza fue el primero de los dos grandes padecimientos físicos de Marisol: el segundo lo sufrió un par de años después. Sin ninguna causa aparente, perdió la vista por espacio de 24 horas. Sus atribulados padres le pidieron a Santa Lucía, protectora de la vista y patrona de los ciegos, sacarlos de este difícil trance a cambio de unos ojitos de oro. La Santa Mártir, oriunda de Siracusa, Italia, les concedió el favor. Marisol recuperó su vista y la pareja cumplió su promesa. Desde entonces usa lentes.

El episodio es recordado por personas que la conocieron de niña y que aún viven en Bonito. Para su papá y su hermano, representaron los momentos más difíciles de la familia. «No se nos olvida, fue muy duro ver a la niña de nuestros ojos ciega», confesaron.

Su primer salón de belleza

Los infortunios de su vida no debilitaron su espíritu de guerrera ni sus deseos de servir a otros. Una vez recuperada, a los trece años, Marisol decidió comenzar a estilizar el pelo de sus amistades. Al verla siempre inquieta, con ganas de emprender y buscar sus propios ingresos, sus padres acondicionaron el pequeño garaje de su casa de Bonito, con una silla, un espejo y un *blower*.

En su improvisado salón recibía a sus amigas, las cuales se convirtieron en sus primeras clientas. Allí les desrizaba el cabello y les ponía los tubos o rollos con los que se iban a sus casas y regresaban horas más tarde para hacerles el *tubi* o *dubi dubi*, que consiste en envolver el cabello alrededor de la cabeza con ganchitos, con el fin de que al soltarlo les quedara liso.

La adolescente le cortaba el pelo a su clientela con la tijera de coser de su mamá. El ardiente sol dominicano completaba el trabajo de secado. Ella fue pionera en su pueblo al abrir la primera peluquería e incursionó en la venta de artículos de belleza: champús, que vendía en vasitos, y ganchos para el pelo.

«Lo que no sabían mis padres es que el esfuerzo de poner mi humilde peluquería determinaría mi futuro de empresaria en este rubro que tanto me apasiona», dijo con nostalgia.

Al inicio de su carrera productiva, Marisol usó su ingenio para elaborar artículos que ayudaban a prevenir la caída del cabello. En esa época, vendía *juyendo,* un aceite a base de hierbas y manteca de coco que colocaba en envases reusables de medicamentos, cuya etiqueta original era reemplazada por otra con su nombre.

A sus clientes les gustaba el producto, pues comentaban que el aceite de coco les hidrataba el pelo rizado o rebelde, conocido entre los dominicanos como *pajón* o pelo malo, logrando que brillara y fuera más dócil.

***

Tener el pelo liso y arreglado es una obsesión cultural de las mujeres dominicanas, quienes consideran que el pajón las hace lucir poco atractivas.

República Dominicana, a pesar de su tamaño, es uno de los países del mundo con más salones de belleza. En el libro *Pelo bueno, pelo malo* de Gerald F. Murray y Mariana Ortiz, los autores señalan que en la isla existen 65 mil salones de belleza, siendo la micro y pequeña empresa más numerosa de esa nación caribeña.

***

«Dominicana que se precie de serlo es amante de cuidarse el pelo y las uñas. Tenemos nuestra fama ganada de ser las mejores peluqueras, somos una referencia mundial. Estamos consideradas las reinas del *blower*. Recuerden que nosotros venimos de una escuela donde atendimos a personas con el pelo malo y nos especializamos en transformarlo en liso. No hay pelo, por muy malo o dañado, que se nos resista: terminamos domándolo», refirió Marisol orgullosa.

Flores blancas para Margot

Hubo una época que creó momentos perdurables en la vida de Marisol: aquella en la que cocinaba para su papá y su hermano, mientras su madre trabajaba. También estaba al cuidado de su abuela materna Margarita, mejor llamada Margot, a quien recibieron en su casa de Bonito luego de sufrir una trombosis a consecuencia de su diabetes.

Su abuela llegó con el tío soltero, Domingo *Mingo,* el que nunca se casó y del que aún están a cargo. Marisol veía a su abuela como si fuera una muñeca, la bañaba, le cambiaba la ropa, la cubría de oloroso talco y le daba de comer. Su abuela la sentaba en sus piernas y le contaba cuentos.

«Fue un trabajo duro que hice con el mayor de los placeres, amé a mi abuela Margot. Ella fue una especie de hada madrina en mi vida. Siempre me decía: "¿cuándo vas a tener a tu Carlitos?" y yo le preguntaba: "¿a qué Carlitos te refieres?" Años después conocí a Carlos, mi actual esposo, y tal y como mi abuela predecía, tuve a mi Carlitos». «Ella nos decía que al morir le pusiéramos medias para no sentir frío en los pies al atravesar el portal del otro lado, además de rosas blancas. Así lo hicimos. Muchas veces la veo en sueños, rodeada de rosas blancas. Eso significa que ella me quiere decir algo e interpreto que reafirma o reprueba la decisión que tomo en determinado momento según se me presente en sueños», comentó Marisol con los ojos acuosos.

Vestida con un mantel

La celebración de los 15 años es uno de los momentos más importantes en la vida de una adolescente porque marca oficialmente su transición de niña a mujer. La fiesta, en la cual los padres la presentan a la sociedad, es todo un acontecimiento en varios países, principalmente en Latinoamérica. La celebración de este festejo en República Dominicana es muy común y se inicia con una misa de Acción de Gracias.

De acuerdo a los recursos económicos con los que cuenta la familia de la quinceañera, en la celebración se ofrece comida, música y regalos conocidos popularmente como recuerditos; es común obsequiar muñequitas elaboradas en cerámica. El momento cumbre del agasajo lo protagoniza la cumpleañera al bailar un vals con su padre, o la figura masculina que desempeñe dicho rol en su familia, acompañada de 14 damas. La mayor ilusión de una quinceañera es lucir regiamente su vestido esa noche y disfrutar junto a los suyos el gran pastel o bizcocho, como se le llama en la isla.

***

En su caso, no hubo misa y tampoco tuvo el cortejo con las damas porque sus padres no tenían los recursos económicos para costear la fiesta. En cambio, sí tuvo un vestido, que fue hecho con el mantel rosado que cubría la mesa de su casa, y ella misma preparó el bizcocho. La tía Altagracia fue de nuevo la encargada de confeccionar el traje, pero esta vez a la cumpleañera no le agradó.

«Era una tela áspera, pesada, no me gustó. El traje lo pude soportar por la ilusión de celebrar mis 15 años, pero lo que no resistí y me impidió ser feliz ese día fue que me cortaran mi pelo, y el peinado fue tan horrible como el vestido», recordó.

El servicio militar: azúcar amarga

Luego de cumplir 15 años, Marisol se inscribió en el servicio militar de su país, donde fue inmediatamente aceptada a pesar de presentar una leve condición de pie plano.

«Todo indicio de coquetería fue prohibido: me amarraron el pelo y no podía usar aretes; todo se limitaba al uso del uniforme y las botas que eran tan pesadas que me costaba caminar», dijo Marisol.

Como su papá era militar, ella consideró que el servicio no debía revestir mayor complicación y además le daba la posibilidad de seguir sus estudios y gozar de ciertos beneficios como el seguro médico. Era lo que ella pensaba, pero la realidad fue otra, muy alejada de lo que esperaba, pues se enfrentaría a uno de los trabajos agrícolas más duros: cortar caña de azúcar.

El servicio militar duró cuatro años, al completarlo su papá le advirtió que si decidía laborar allí, tendría que cumplir con todas las obligaciones que implicaba servir a la patria: levantarse todos los días a las cuatro de la mañana, marchar bajo el inclemente sol dominicano y trabajar en los cañaverales.

«En ese tiempo me decía a mí misma: "la hija de Rafael Rodríguez no puede fallar". A su vez, mi papá me decía que actuara como los caballos con gríngolas, que siguen adelante sin mirar hacia atrás y sin ver a los lados. El temor de mi padre era que me fuera a desmayar porque me veía débil, por tal motivo se las ingeniaba para traerme un dulce de naranja que yo escondía en los bolsillos del uniforme para tener algo azucarado que me pudiera dar energía para soportar el sol y el duro trabajo», acotó Marisol sobre los siempre buenos consejos de su papá.

El pesado y riesgoso trabajo lo hizo por un largo período. En las madrugadas era transportada a los cañaverales junto a un grupo de mujeres y hombres. Los llevaban en dos buses. En aquella época existía una demanda muy alta de la mano de obra dominicana, pues los haitianos, quienes solían trabajar en los plantíos de caña, se sublevaron en esa área. Entonces, el gobierno impuso la labor a quienes prestaban servicio en la Base Militar de la Fuerza Aérea Dominicana, ubicada en San Isidro porque no se podía paralizar una de las principales fuentes de ingreso del país: la industria azucarera.

«Allí me di cuenta de que los haitianos pasan mucho trabajo para ganarse el pan de cada día, me puse en su lugar y decidí no quejarme más y cortar la caña con mucho amor, respeto y orgullosa de contribuir con mi amado país. Eso sí, añoraba que la semana transcurriera rápido para disfrutar el fin de semana con mis padres y mi hermano», puntualizó Marisol.

La inquebrantable muchacha corrió con suerte. A pesar de su limitada experiencia en el "boleo del machete" no tuvo ningún accidente al cortar la caña. El uso impreciso de la herramienta puede ocasionar mutilación; a través de los años las estadísticas han arrojado cifras altas de trabajadores con miembros de su cuerpo cercenados.

Para facilitar la producción, la quema de los cañaverales era y aún lo es, una práctica común. Marisol tuvo que lidiar con el hollín de las hojas quemadas. La ceniza le tiznaba la cara, se le pegaba a las botas y a la ropa. La pelusa de las hojas se transformaba en dardos, sus ojos estaban en constante peligro. Aguantó las picaduras de las astillas entre los juncos y comer todos los días arenque, un pescado negruzco que cocinaban en una gran olla y lo servían acompañado de yuca, lo cual le resultaba muy desagradable. Sus manos tenían surcos y estaban agrietadas por el mango del machete y los pinchos de las hojas.

«Fue una experiencia horrible que yo misma decidí vivir. Sin embargo, aprendí el valor del esfuerzo, la solidaridad y a ser aún más disciplinada», dijo reflexiva.

Marisol complementaba el trabajo de cortar caña con el oficio de pelar papas, otro ingrediente usado para la preparación de las comidas que servían en la base militar. Sus esfuerzos fueron premiados al ser seleccionada para formar parte del coro de la banda, lo cual le permitió recorrer varios lugares de la isla y descubrir sus inclinaciones artísticas.

De la banda recuerda con especial cariño a sus amigas, las hermanas Castillo, Raidiris y Flor María, ésta última continuó con la música y es una artista reconocida de su país.

El amor traicionado

Al completar el servicio militar, Marisol tuvo la oportunidad de comenzar sus estudios de mercadeo, pero en paralelo tomó otra decisión que cambiaría el rumbo de su vida y que le costó mares de lágrimas y sufrimiento a ella y a su familia.

La joven pensaba, al igual que otras personas, que si se mudaba a los Estados Unidos tendría una mejor calidad de vida. Las historias reales y otras llenas de fantasía que escuchaba en su pueblo le llenaron la cabeza de ilusiones. Como si se tratara de una telenovela, ella quería ser protagonista y vivir su propia historia del "sueño americano".

Un día les dijo a sus padres que quería ir a Nueva York en búsqueda de una vida distinta, donde tuviera más oportunidades. Sin rodeos, les explicó que la única manera de hacerlo sería casándose para garantizar su permanencia legal en la nación del Tío Sam. Para ello, tendría que pagar para contraer matrimonio con un norteamericano y de esa forma obtener la ciudadanía.

Rafael y Nenita pusieron el grito en el cielo, no querían que su única hija abandonara el país ni que se casara por interés. Pensaban que se casaría con Polo, su novio desde la escuela, quien cantaba con Marisol en el coro de la iglesia y que también estaba en el servicio militar. Era el muchacho que conocían y querían. Los imaginaban formando una linda familia.

Marisol, sin embargo, es de las que al tomar una decisión, no mira a los lados y en esta oportunidad se volvió a imponer.

Seleccionó como futuro esposo al cuñado de Lala, una amiga de su mamá. Nenita viajaba a Puerto Rico dos veces al año a cuidarle a su hija. Lala habló con el hermano de su esposo, quien vivía en Nueva York y él aceptó de inmediato el trato.

Marisol le comunicó sus planes a Polo, pensando que él estaría de acuerdo. Le explicó que ese matrimonio sería un mero arreglo para poder establecerse legalmente en los Estados Unidos y que regresaría a República Dominicana a buscarlo. Polo no podía creer lo que escuchaba de los labios de su amada: lloró de dolor, se sintió traicionado. A pesar de la insistencia y promesas de su novia, él no la perdonó y rompió con Marisol. Su orgullo superó al amor.

Sus príncipes: el blanco y el negro

El día del matrimonio por papeles llegó. El príncipe negro arribó a Santo Domingo cargado con maletas llenas de regalos para toda la familia y con los adornos para la fiesta de bodas. La idea era presentarles a las autoridades de inmigración fotografías que demostraran que se trataba de un matrimonio por amor.

Para hacerlo aún más real, se efectuó el matrimonio civil y el eclesiástico, aunque Marisol no estuvo de acuerdo con la boda en la iglesia. Llegó al altar y ante la presencia de Dios, le juró amor a un hombre que conocía solo a través de retratos. Al escuchar el Ave María interpretada por su amor Polo, se sintió desgarrada de dolor, las palabras del cura fueron casi inaudibles.

Los recién casados se separaron al día siguiente: su esposo regresó a la ciudad de Nueva York y Marisol se quedó en Bonito esperando la visa que la sacaría de su pueblo para llevarla a la Gran Manzana.

«Ese tiempo fue muy difícil para mí. Casi no salía de casa, porque no soportaba los ojos incriminatorios ni los cuchicheos de la gente del pueblo que reprocharon mi mal proceder con Polo. Mi ambición la pagaría muy cara. Para no quedarme en el pueblo y sentir el desprecio de quien consideraba el hombre más bueno del mundo, mi amor, decidí estudiar en Santo Domingo», refirió Marisol de ese episodio amargo de su vida.

El gran Cuquín

Las ganas de progresar de Marisol eran más grandes que las habladurías del pueblo y mientras esperaba la visa para salir a los Estados Unidos, comenzó a estudiar mercadeo y ventas. El trayecto de Bonito a Santo Domingo duraba dos horas y el autobús no siempre tenía asientos disponibles, razón por la cual tenía que viajar de pie. Por fortuna, al poco tiempo su querida tía Olivia le ofreció hospedaje y le evitó realizar esos largos viajes.

«Mi tía Olivia vivía en un apartamento regalado por el gobierno. Tenía cinco hijos. Ella los puso a dormir a todos en una habitación y la otra me la alquiló. Era muy pobre y pasaba muchísimo trabajo. Cocinaba en un anafre (pequeño horno de barro) dentro de la vivienda y ella nos ponía a mis primos y a mí a soplar con un cartoncito para que el fuego del carbón no se apagara mientras cocinaba las habichuelas, que era lo que comíamos la mayor parte del tiempo. ¡Le quedaban riquísimas! Allí mismo lavaba la ropa en una batea. Nunca estaba enojada, era muy divertida, de todo sacaba un chiste. De ella aprendí la perseverancia, a no rendirme. Finalmente, mi tía sometió a la pobreza, sacó a sus hijos adelante. Emprendió un negocio de compra y venta de prendas de vestir que traía de Haití y vendía en San Domingo. Con el tiempo se convirtió en una mujer de mucho dinero al establecer cuatro tiendas que actualmente son manejadas por sus hijos. Ellos la adoran. Bajo cualquier circunstancia siempre fue una excelente madre», manifestó Marisol de su admirada y querida tía.

Inquieta por vivir cosas diferentes, Marisol comenzó sus clases, pero las dejó debido a que incursionó en la televisión dominicana. El brinco hacia el mundo del espectáculo lo hizo a escondidas de sus padres, quienes jamás le darían permiso; por el contrario, contaba con el apoyo de su tía Olivia, quien la había aupado para que hiciera un *casting*.

Poco tiempo después de enviar las fotografías para la audición, recibió la tan esperada llamada de los productores del programa de televisión "Con Cuquín", conducido por el famoso comediante, presentador, actor y productor César Augusto Victoria Suazo. La citaron para presentarse en las oficinas de la televisión dominicana, lugar desde donde se transmitía el *show*.

«No cabía de la emoción. Pasé la prueba y fui contratada como modelo del afamado animador Cuquín Victoria. Mi compañera María de los Ángeles, era una muchacha rubia natural y para estar iguales, me pintaron también el pelo de amarillo: desde ese momento me gusta tenerlo de ese color. Cuquín fue un ángel para mí. Siempre fue respetuoso con nosotras, él y su esposa me querían muchísimo. Es un señor. En su programa se rifaban cestas que obsequiaban los patrocinadores y él siempre dejaba una para mis padres. Ellos siempre esperaban algo de mí, como niños, o al menos siempre eso he sentido. Me quitaba mis hermosos vestidos del show y como he sido siempre "todo terreno", regresaba a Bonito en autobús con la canasta. Nadie nunca se enteró que era pobre. Hace dos años en un evento de recolección de fondos para una fundación en apoyo a los niños de mi país, tuve un reencuentro muy lindo con Cuquín. Me dijo bromeando: "¿y qué pasó con la modelo flaquita?" La incursión en la televisión me abrió nuevas oportunidades, por las cuales siempre le estaré agradecida», relató Marisol sobre una de las etapas más bonitas de su vida.

Cuando estaba en su mejor momento en la televisión dominicana y trabajaba en la compañía Coca Cola de su país como secretaria, recibió la visa con la cual podría viajar a Nueva York.

El viaje más largo

Marisol tenía 24 años cuando se subió por primera vez a un avión. Sus acongojados padres la llevaron una tarde calurosa del mes de marzo al Aeropuerto Internacional Las Américas Dr. José Francisco Peña Gómez de la capital dominicana, donde tomaría el vuelo a la Gran Manzana. Ellos la ayudaron a empacar su maleta y Nenita le regaló la imagen del Corazón de Jesús para que la protegiera, la cual colocó entre los adorados vestidos que lució durante su participación en el show de Cuquín, porque pensaba que los usaría si encontraba trabajo como modelo en la televisión americana y otros atuendos. Su papá le reiteró con resignación y tristeza que «se iba porque quería».

«La despedida de mi gente fue una de las experiencias más horribles de mi vida. Hasta ese momento, nunca me había separado de mis padres, hermano, abuela, tíos, primos. No existe sensación que se compare con el vacío en el estómago, la falta de aire y la opresión en el corazón cuando dices adiós a quienes quieres, a tus recuerdos, a tus raíces, para enfrentar la incertidumbre de lo desconocido... En ese tiempo no había celular, ni mucho menos Facebook Live para comunicarme. Fue el vuelo más largo de mi vida y lloré desde que entré a la cabina hasta que me bajé del avión. Las horas se hicieron infinitas», expresó con profundo sentimiento.

Al cabo de dos horas y media de agonía, el avión descendió sobre Nueva York. Al observar por la

41

ventanilla, fue encandilada por las luces brillantes de los rascacielos. La ciudad empezaba a oscurecer. Logró recoger su maleta y siguió a sus compañeros de vuelo por el enrevesado aeropuerto, no podía comunicarse en inglés. A medida que avanzaba hacia la salida, su miedo aumentaba. No sabía si estaría su esposo. Una ráfaga helada le paralizó el alma cuando abrió la puerta de salida. Nadie le dijo que en ese momento hacía frío en Nueva York. Ella llevaba puesta una minifalda y no tenía abrigo. «Nadie más estaba vestido de esa manera, me sentí ridícula», dijo Marisol entre risas.

A lo lejos observó que su príncipe negro la estaba esperando con flores y globos de bienvenida. Lloró de nuevo, pero de agradecimiento con Dios al ver por fin una cara conocida a su arribo a una ciudad de la que ignoraba todo. Una vez que subieron al carro le pidió el favor de comunicarse con sus padres. Su esposo empezó a hacerle muchas preguntas, pero ella no quería hablar porque estaba aún muy asustada. Él le dijo que comprendía. Un rato después, llegaron al Bronx.

La pesadilla llamada Bronx

El Bronx es un condado del estado de Nueva York que concentra una gran cantidad de inmigrantes dominicanos y puertorriqueños. Su esposo vivía en un departamento situado en un conjunto de edificios muy grandes. «Tenía que hacer piruetas para que el carro entrara al estacionamiento. Me había hecho otra idea de esa ciudad», comentó sobre la llegada.

Antes de llegar al apartamento, Marisol pasó por un largo pasillo. A medida que avanzaba, se iba enterando de lo que sucedía tras las paredes que eran permeables a los sonidos, de la vida que se desarrollaba en el interior. Su esposo tocó la puerta del apartamento 88 de la Rochambeau Ave. y, casi de inmediato, abrió una mujer joven; detrás de ella, se encontraba un perro y unos niños que con ojos inquietos la miraban.

Marisol desconocía que su príncipe negro vivía con su familia. En esa vivienda de tres habitaciones convivían diez personas. «Nadie me esperaba, él no le había informado a su hermana de mi llegada. El apartamento estaba lleno de gente enojada», explicó Marisol sobre los inquilinos.

Su esposo le dijo que no se preocupara, pues los gastos correrían por cuenta de él; ese era el trato, al menos hasta que llegaran sus papeles.

Después de la desagradable presentación, ambos se fueron a comer a un pequeño supermercado localizado en la planta baja del edificio. En ese lugar, tuvo la oportunidad de comunicarse con sus padres a través de la señora Gladys, su vecina de Bonito, ya que su hogar no contaba con línea telefónica.

La mayor felicidad en ese momento fue hablar con sus padres y su hermano, a quienes les dijo para no preocuparlos que Nueva York era el paraíso, una ciudad hermosa. «Mi esposo es respetuoso, estoy muy feliz», fue la mentira piadosa que brotó de sus labios para no causarles angustia. Les entusiasmó saber que los llamaría todos los domingos.

Al regresar al apartamento le asignaron un colchón en la sala pegado al ducto de la calefacción. Una pequeña planta, uno de los pocos objetos decorativos que tenía el inmueble, se convirtió en una especie de muda confidente. Lloró toda la noche y pidió fervientemente a Dios que no le sucediera nada malo. Aun despierta, vio al sol desplazar a la luna. Pasó la noche en vela.

Entre la funda negra y el olor a cebolla

Marisol fue rechazada por su cuñada desde el primer día. Apenas asomó su cabeza en el departamento del Bronx, sintió su energía negativa. Para ganarse el afecto de la mujer, puso su mejor esfuerzo: se convirtió en la empleada doméstica de la casa; además de la limpieza, también cocinaba y atendía a los niños. Pero todo su esfuerzo fue en vano.

La antipatía de su *sister in law* fue porque «me casé con su hermano por conveniencia. Era más bonita y tenía mejor cuerpo. Me vio como a su competencia. Creo que eso fue suficiente para odiarme», refirió Marisol entre broma y risas.

Su cuñada le aconsejó tener hijos para que no tuviera que trabajar, sino que pudiera vivir gracias a las ayudas sociales del gobierno, tal como hacía ella. Marisol quería encontrar un empleo. A pesar de que para ese momento ya su esposo estaba perdidamente enamorado, no estaba en los planes de su bella consorte hacer vida marital.

La muchacha de Bonito cuenta que un día su cuñada amaneció enfurecida y le dijo: «Si sigues sin aportar, te devolveré en una funda negra y con la boca llena de moscas a Santo Domingo. Sentí que sus palabras eran verdaderas. Me dio mucho miedo. Rápidamente tomé acciones y una de ellas fue poner bajo el colchón donde dormía una tijera, porque sentí que mi vida corría peligro en ese lugar. Tenía que estar preparada para lo peor. Quedé tan traumada que desde entonces le tengo fobia a las moscas», recordó con un semblante de angustia.

Uno de esos días funestos, Marisol se comunicó con sus padres y sin mencionarles su dura situación, les pidió la dirección de Lala, su concuñada. Ella estaba casada con El Chato, el hermano de su príncipe negro. Ellos se habían mudado de Puerto Rico a Nueva York. Le pidió a su esposo que la llevara a visitar a Lala bajo el pretexto que no conocía a otra persona en ese lugar. Marisol se arriesgó y, a pesar del vínculo familiar que la unía con su marido, les pidió ayuda. Lala se compadeció y le extendió su mano solidaria. Le ayudó a conseguir empleo en la misma fábrica donde ella trabajaba. Esto le dio la posibilidad de salir en la mañana y regresar en las noches al lugar donde se sentía esclavizada y amenazada. Marisol optó por cambiarse el rubio de su pelo y volver al negro natural para no llamar la atención. Sustituyó las minifaldas por *jeans*, camisas holgadas y zapatillas deportivas. Temía ser violada.

La empresa donde trabajaba era propiedad de un árabe que contrataba a inmigrantes ilegales. Se dedicaban a poner los ganchos a los aretes. Allí trabajó tres meses. Comenzó el 5 de mayo y finalizó el 16 de agosto de 1992.

La mayor parte del dinero proveniente del esfuerzo de permanecer de pie durante ocho horas se lo entregaba a su cuñada, quien siempre aspiraba a más, y a su esposo. El hombre, despechado por amor, se lo gastaba en alcohol. «El resto del dinerito lo guardaba porque sabía que en algún momento lo iba a necesitar», manifestó sobre el uso de sus primeros ingresos.

«Lala me esperaba para no perderme y me llevaba comida. Para mí, todos los edificios eran iguales. Consumía mucho *crosti,* unos deliciosos pedacitos de pescado frito que vendían en una bolsita por un dólar. Eran muy ricos. Me puse muy flaca porque no quería comer nada de lo que preparaban en esa casa. Vivía con miedo de ser envenenada por mi cuñada. Me sentía muy, pero muy castigada por mis decisiones», confesó.

Sobre el dueño de la factoría recuerda que era un árabe grande que siempre usaba un gorro negro y de su cabeza caían unos rizos largos que usaba para limpiarse las manos. «Comía mucha cebolla y ese olor se impregnó tanto en mí que me resulta insoportable incluso la idea de comerla», expresó al recordar episodios de su primer empleo en la tierra del norte.

¡Llegaron los papeles: el gran escape!

Marisol se ganó la confianza y el cariño de Lala, de su esposo El Chato y de la niña de esa pareja solidaria. Eran sus ángeles en esa ciudad que sentía inhóspita, llena de luces para muchos, pero sin color para ella. Un día, su amiga le confiesa que sus papeles habían llegado meses atrás, pero que su esposo y su cuñada los tenían escondidos. «Cuando escuché eso, creí morir. Volví a torturarme, sentí que Dios me castigaba. ¿Qué podría hacer para recuperarlos y salir de ese calvario en donde estaba metida por rebelde? Estaba literalmente secuestrada», comentó Marisol, y en su expresión se aprecia el miedo que hasta el día de hoy siente al recordar tan dramático momento.

La respuesta se la dio la misma Lala, quien tenía un plan ideado. Le comunicó a Marisol que la mujer de malas intenciones, es decir, su cuñada, viajaría a Puerto Rico de vacaciones con sus hijos, por tal motivo ella se quedaría sola con su esposo en el apartamento y esa sería la oportunidad ideal para que buscara los papeles.

«Lala me dijo que el mismo día del viaje de la familia le preparara un almuerzo de reconciliación, para que pensara que todo cambiaría y que a partir de ese momento me convertiría en su mujer. Que lo emborrachara y simulara que también bebía. El almuerzo se cumplió y a la maceta de mi amiga iba a parar todo el licor que él me ofrecía. Se emborrachó y seguidamente se quedó dormido y entonces empecé como loca a buscar los papeles por todo el apartamento. Perdí la noción del tiempo, no puedo decir cuántas horas me tomó recuperarlos; era un mar de nervios. Le suplicaba a Dios clemencia y que me ayudara a encontrarlos. Al fin, cuando empezaba a oscurecer y casi estaba vencida, los encontré. Temblé de la emoción cuando los conseguí. Lloré. Me vestí de hombre, incluyendo una gorra para no llamar la atención porque en el edificio vendían drogas. Allí quedaron muchas de mis fotografías y mis vestidos del *show* de Cuquín. Tomé solo la imagen del Corazón de Jesús y salí *juyendo* de esa casa hacia la de Lala. Dejé atrás mis pesadillas y muchos de mis miedos», expresó Marisol mostrando sufrimiento al recordar tan trágico suceso.

Lala la esperaba con una pequeña maleta que contenía lo básico para viajar. De inmediato salieron al aeropuerto. Se puso en lista de espera para el último vuelo que saldría esa noche hacia República Dominicana. Logró tomarlo y sin avisarle a sus padres llegó al Reparto Gregorio Luperón número 328 de El Bonito (parte de atrás), San Isidro, Santo Domingo.

Sus progenitores no podían creer la escabrosa historia que como ráfaga salía de los labios de su amada hija. Había ido solo para decirles que estaba viva, para que la escucharan y antes que la gente del pueblo se diera cuenta de su presencia, tomó otro vuelo para irse a Puerto Rico, donde la esperaba el tío Paco, hermano de su papá.

«Armé un plan para que mi esposo no me encontrara. Él se presentó en Bonito a buscarme y mis padres le dijeron que no sabían nada de mí. Los amenazaron y le manifestaron que sería el responsable si algo me pasaba. Él les creyó y regresó a Nueva York. Por un tiempo más me buscó y llamaba a mis padres. No le perdoné que me mintiera con el tema de los papeles. Nunca más supe de él, ni de mi querida Lala, pues no quise que la involucraran en mi huida. Corté el cordón umbilical. Luego de tres meses de estar en Puerto Rico, regresé de nuevo a mi país a buscar una carta de la Coca-Cola y el dinerito para ir a Miami donde participaría en un video comercial de esa compañía junto con otras tres muchachas», dijo Marisol sobre esa persecución que sufrió y que la obligó a estar oculta durante unos meses.

El papá de Perla... el amor truncado

Acababa de pasar el destructor huracán Andrew en el año 1992, cuando Marisol llegó a Miami. Estando en el aeropuerto, se encontró con un excompañero militar, quien le dio el teléfono del encargado de la Delegación Dominicana en Miami en ese momento. "Por si te hiciera falta", le dijo. Ella lo tomó y guardó sin mirarlo.

Llegó a un hotel de la famosa avenida Brickell con sus compañeras modelos. «Cuando arribé a Miami, se observaba mucha destrucción por todos lados. Aún quedaban montones de árboles sin recoger, casas destruidas, incluso el hotel donde llegábamos tenía las paredes agrietadas. Me impresionó mucho», comentó Marisol sobre la segunda ciudad de Estados Unidos que le abría las puertas.

La grabación del comercial de la Coca-Cola estaba pautada para hacerlo en una semana. Al escuchar que en Miami la mayoría de sus residentes hablaban español, ella se sintió en el paraíso. Decidió no regresar a Santo Domingo. Buscó entre sus cosas el papel que le dejó su amigo. Desde la habitación del hotel se comunicó con el militar Villavicencio, el nombre que estaba apuntado en el arrugado pliego. Al quinto día, Marisol se encontraba esperándolo en una tienda *Seven Eleven* de Coral Gables. El punto de identificación fue su maleta.

El militar que se encontraba en Miami sirviendo a su país fue el hombre que se convertiría en el papá de Perla, la primogénita de Marisol. Era el encargado, entre otras

51

cosas, de apoyar a los dominicanos recién llegados y sin recursos. El gobierno le tenía alquilado un apartamento en Miami Springs, allí le dio alojamiento, pero antes de llevarla al inmueble, fueron a comer al restaurante Pollo Tropical. «Tenía mucha hambre. Me devoré el pollo casi sin verlo, me encantaron los pedazos de maíz con mantequilla servidos en palitos que ofrecían en ese momento. Él solo me observaba, y me hacía las mismas preguntas, una y otra vez, quizás para saber si le mentía. Le dije la verdad de mi situación, incluso, de mis aspiraciones de establecerme en esa ciudad», comentó.

Después del almuerzo, la llevó al apartamento de Miami Springs. El inmueble era de una sola habitación y estaban hospedadas tres personas, incluyendo a una española. A Marisol le asignaron de nuevo un colchón en el piso. «Otra vez me tocó dormir en el suelo», refirió entre risas.

En ese apartamento, los refugiados sólo se podían quedar dos semanas. Ella no tenía el dinero suficiente para rentar una habitación, de modo que le planteó a Villavicencio la posibilidad de cocinarles, lavarles la ropa y limpiar el departamento a cambio de permanecer viviendo allí. A él le pareció buena la idea y el Consulado también accedió a la propuesta.

Superado el obstáculo de su estancia, Marisol deseaba tranquilizar a sus padres, quienes estaban esperando su regreso. No quería seguir dándoles más dolores de cabeza. Villavicencio le pidió el favor a su mejor amiga, Carmela, quien se encargó de comunicarles a Nenita y a Rafael que su hija estaba bien. Les explicó que

Marisol estaba trabajando para el consulado dominicano y les pidió el favor de enviarle el resto de su ropa. «Mis padres le creyeron y no cabían de felicidad pues sintieron que finalmente estaba protegida», expresó.

Villavicencio le ofreció todo su apoyo y por las noches Marisol estudiaba Cosmetología en el Belle Beauty School de Hialeah. Ella se iba en autobús y él la recogía. Una noche, le pidió que fuera a buscar la correspondencia en la planta baja del edificio y al abrir el buzón se encontró unas flores, un osito de peluche y una tarjeta donde le pedía ser su novia. Ella aceptó. «Creo que él y yo nos enamoramos desde el primer día», confesó ruborizada.

Casi de inmediato Marisol quedó embarazada. Estando establecida, las amorosas cartas de sus padres llegaban todos los meses, sin embargo, seguían sin saber la novedad de su embarazo. Nenita le escribía sobre la gente del pueblo, la familia, quién preguntaba por ella y quién no. Le hablaba de su tristeza y la de su padre y hermano por no tenerla cerca, de sus oraciones al Corazón de Jesús para que la protegiera y la recomendación más importante: que no confiara en nadie porque no tenía familia en ese lugar.

Al cuarto mes de embarazo, Marisol decidió dejar al papá de Perla. «No sé cómo explicar lo que pasó. No lo podía ver. Me fastidiaba su olor, su presencia. Años después una amiga me dijo que eso le pasa a muchas embarazadas y que con terapia de pareja se soluciona: el consejo me llegó muy tarde», refiere con un dejo de pena.

Marisol se mudó a un *efficiency* - pequeño departamento anexo a una casa - localizado en Miami Shores y el papá de Perla la ayudaba a pagarlo. Allí vivió por un tiempo con sus suegros y con la hermana de su esposo. Mientras tanto, ella comenzó a laborar en el hotel Grand Prix, limpiando las habitaciones. Trabajó desde enero hasta mayo del año 1993; para ese entonces su barriga comenzó a hacerse visible.

«Fue muy dura esa experiencia porque a pesar de mi embarazo y el malestar que solía sentir, tenía que limpiar pisos y baños, además de subir y bajar escaleras. Soy muy trabajadora, por eso no soporto a las personas haraganas. Si pude hacerlo en esas condiciones, otros también», enfatizó Marisol.

Sus amigas de la escuela de belleza le hicieron el *baby shower* por la inminente llegada de su bebé. En su *efficiency*, Marisol tenía la compañía de sus fieles amigos, dos pajaritos: "Fifí" y "Fufú". A ellos les contaba sus penas. También tenía sembrados unos girasoles, su flor favorita. Un día, la entrada de su anexo amaneció llena de esas flores que la han acompañado a lo largo de sus vivencias. El papá de Perla las había llevado, pues quería reconquistarla. En breve se trasladaría a Brasil en comisión de servicio y quería llevarla con él. Marisol le pidió tiempo.

El 24 de octubre de 1993, la joven fue llevada al Palm Springs General Hospital de Hialeah por el papá de su hija y su querida suegra, quien siempre estuvo pendiente de ella. «Ese es un hospital donde se da a luz con parteras y mi parto natural duró 24 horas. Villavicencio me decía: "puja, puja, ese bebé es el título que le entregas a tus padres". Eso me causó una gran decepción y se me quedó grabado en la mente; creí que no me estaba apoyando. Mi Perla llegó al mundo para ser mi compañera y para llenarme de alegrías. Le puse ese nombre porque me encanta esa gema; sentí que mi vientre produjo el nácar que la moldeó y dio vida. Cuando salí del hospital, decidí regresar al *efficiency*, no al apartamento con Villavicencio. Una semana después, él se fue a Brasil», recordó.

Marisol recibió cartas y regalos de Villavicencio para la niña. El militar se mantuvo en buena medida pendiente de Perla a la distancia; debido a sus viajes y responsabilidades fue un padre ausente y así siempre lo ha sentido su hija. A pesar de que ahora Marisol y él tienen una buena amistad, para ella pasó a ser el difunto.

El amor paciente: pizzas y flores

«El amor es sufrido es benigno; el amor no tiene
envidia, el amor no es jactancioso, no se envanece; no
hace nada indebido, no busca lo suyo, no se irrita, no
guarda rencor; no se goza de la injusticia, más se goza
de la verdad. Todo lo sufre, todo lo cree, todo lo espera,
todo lo soporta».

1 Corintios 13:4-7

Poco después de dar a luz a su hija, Marisol conoció a Carlos Casola, quien se convertiría luego en su esposo, amor verdadero y compañero de sus días.

Carlos es el dueño de la reconocida pizzería Casola. El día que la conoció estaba haciendo una entrega porque estaba cubriendo la ausencia de un trabajador. Salió a cumplir ese encargo sin imaginarse que el amor lo estaba esperando.

Después de su primer encuentro, los miércoles Marisol recibía rosas rojas de un admirador anónimo, hasta que un día se dio cuenta que provenían del señor de la pizzería. Cada ramo incluía una tarjeta de invitación para almorzar.

«Estaba gordísima, horrible. Para despistarlo le dije que era lesbiana, porque no quería salir con nadie. Le decía que era una mujer con una hija, que acababa de dar a luz. Que no sabía quién era y si se estaba acercando con la intención de robarme a mi niña. Además de fea estaba muy, pero muy nerviosa. Le dije que "no"», confesó sobre sus reacciones ante los primeros intentos de acercamiento de Carlos.

A pesar de las reiteradas respuestas negativas, Carlos insistió y un día llegó a su anexo junto con Dora, su hermana, resuelto a que aceptara su invitación, pero Marisol se negó de nuevo. Sin embargo, conversaron un rato y Marisol le contó que tenía el tiempo muy apretado entre el curso, el cuidado de la niña y atender la casa.

Días después, Carlos se presentó en el Belle Beauty School para buscarla. «No quise salir con él en ese momento porque no fue con su hermana y no tenía con quién dejar a mi niña», relató.

Juana, una compañera puertorriqueña de la academia de belleza, lo vio y al día siguiente le contó a Marisol que conocía al hombre que la había ido a buscar. Era su jefe. Ella trabajaba en su pizzería y podía dar fe de que se trataba de una persona con calidad humana. La animó a confiar en él.

«Juana me dijo que Carlos tenía locos a los empleados, hablándoles de mí: que sería la madre de sus hijos, que era la más bella del mundo. Además, me repetía el famoso refrán de Puerto Rico: "matrimonio y mortaja del cielo bajan"», afirmó sobre lo conversado con su amiga.

Al escuchar la historia de su amiga, Marisol le dijo con sinceridad: «La verdad no sé quién es y no me interesa si es el dueño o no de una pizzería. No me gusta. No sé si sea hasta maricón porque es tan raro, delicado, tan fino que no sé».

Sin embargo, Juana insistió en que sería bueno que se dieran una oportunidad y sentenció: «Podría ser tu alma gemela. El señor Carlos vino de Argentina y tú de República Dominicana y se encontraron aquí en Miami: eso es mágico. ¡Esto tiene que continuar!».

«Creo que Juana fue nuestro Cupido, aunque en verdad no estaba en condiciones de querer a nadie ni de estar con nadie en ese momento. Vino a nuestras vidas para unirnos y hasta ahora tenemos 27 años de casados. Al tiempo, mi amiga se fue de la pizzería y de verdad no supe más de ella. Carlos es el príncipe azul que toda mujer necesita y sueña con encontrar», aseguró Marisol de su estable y bonita relación.

Convencida por la amiga que actuó como Cupido, Marisol al fin aceptó la invitación para almorzar. A Carlos siempre le han gustado las formalidades, por lo que fue a recogerla en compañía de su hermana Dora. Marisol llevó a su hija. «Su hermana pensaba que Perla era hija de Carlos. Quedé impactada con ese hombre bueno que Dios puso en mi camino cuando ese mismo día me presentó como su esposa y asumió ser el padre de mi hija. Ese fue el principio de una historia de amor hermosa y llena de luz. Me trató como una reina, me llevó rosas rojas y un oso de peluche inmenso. Me sentí, por primera vez en mucho tiempo, afortunada y feliz», relató sobre su primer encuentro con su cuñada.

Luego vino la presentación a la suegra. «Su mamá, Sergia *Tuntuna* Casola, me recibió con mucho amor, pero discriminó mi origen dominicano; quizás quería una argentina para su hijo. Cocinó unos ravioles de espinaca deliciosos. Se volvió loca de amor por Perla y sentía que era su nieta. Mi hija llegó para cambiar mi vida y la de ellos», comentó Marisol con su característica forma de decir las cosas sin filtro.

Evocando esa historia de amor, Carlos Casola dijo: «La vida es como se presenta. Ella aceptó mis condiciones y yo las de ella. Sin mirar el pasado. Yo venía de un tercer divorcio y trabajaba mucho. Nos adaptamos. De Marisol me gustó su valor y que era una persona muy familiar, como yo. Nuestra relación se basa en la confianza, la sinceridad. Es mi compañera ideal. Soy muy afortunado. Sobre estos 27 años de matrimonio me permito decir que me saqué con ella la lotería», dijo con orgullo el hombre que ama sin condiciones a su esposa, aunque le cueste hablar de su vida privada.

Una familia

Marisol solía conversar en las mañanas con su pájaro "Fifí", su hija solo la miraba y balbuceaba. Con la mirada puesta en el cielo, le pedía a Dios por una familia.

«No quería seguir viviendo sola y triste por perseguir el sueño americano. Quería un esposo y tener un hogar donde poder recibir a mis padres, a mi familia y amigos. Con la llegada de Carlos, pensé que Dios estaba obrando. Buscando el sueño en tierras foráneas, perdí muchas cosas lindas e importantes de mis seres queridos. No soy de las que se arrepienten, pero lo cierto es que no es fácil cumplir el sueño americano sola y sin familia. No obstante, ahora puedo asegurar: si yo lo logré, cualquiera lo puede lograr», reflexionó.

La hija de Nenita y Rafael confesó que al principio ella se unió a Carlos sin estar enamorada por completo, pero Carlos la conquistó con su paciencia, su amor, sus detalles y sobre todo, el amor que le manifestó sentir desde siempre por su amada Perla. «No pensé en ese entonces que lo llegaría a querer y amar tanto», confesó Marisol con los ojos llenos de lágrimas.

Frente al mar de Brickell

Un día como cualquier otro, Carlos le pidió a Marisol que se fuera a vivir con él. Le confesó estar profundamente enamorado de ella y que a él no le interesaba su vida pasada.

«Me dijo que a él no le importaba si yo había tenido varios hombres, si era una santa, virgen o una mujer de la calle. Que para él eso era irrelevante; que a partir de ese momento se cerraba por completo el capítulo de mi vida anterior y que empezaba uno nuevo; que no le importaba nada de lo que yo había hecho sino lo que sería: su esposa para toda la vida. Él hablaba y yo lloraba como una Magdalena, porque no creía lo que me estaba pasando. Me prometió tantas cosas que no podía creerlo. No podía confiar en alguien que había conocido hace dos semanas atrás. No podía sentir lo que estaba sintiendo por alguien tan rápidamente y tampoco entendía sus sentimientos. Me dijo que no había problema, que tomara mi tiempo y que si quería, podía mudarme ese mismo día a un apartamento amueblado que estaba esperando por mí, incluso, con un balcón para poner a mis pajaritos y seguirles hablando», Marisol citó sus palabras.

A pesar de que Marisol no podía dar crédito a lo que escuchaba ni a lo que estaba pasando en su vida, le informó que lo pensaría y que tenía que comunicarse con el padre de su hija Perla.

«Llamé a Villavicencio y le comenté del ofrecimiento de Carlos. Por supuesto no estaba de acuerdo porque su hija estaba muy chiquita. Le expliqué que estaríamos en apartamentos separados y él me dijo que esa decisión era mi responsabilidad. Le contesté que mi futuro estaba con ese ser humano que llegó a mi vida y la cambió en un minuto. Que quería darle a mi hija un hogar y una familia que nunca tuvo con él. Se enojó, me colgó el teléfono y no me llamó más. Perdí por mucho tiempo el contacto con él porque estaba muy bravo», recordó.

Después de la conversación con el papá de su hija, Marisol decidió irse al apartamento que Carlos le ofreció. Todo lo que estaba en su vivienda anterior, incluso el automóvil que Villavicencio le dio y que apenas conducía, se lo regalaron a los empleados de la pizzería. Llegó a su nuevo hogar, el cual estaba localizado en Brickell, contiguo al lugar donde vivía su prometido con su mamá. Solo traía con ella a su hija en brazos y una pequeña maleta. Antes de entrar al alojamiento, Marisol recibió una sorpresa: ¡un carro nuevo adornado con un listón rojo!

Un día, sentados frente a la bahía de Brickell y con Perla acostada en un cochecito, Marisol le contó su historia a Carlos.

«A pesar de vivir en un apartamento que me rentaba, él nunca me pidió que estuviéramos juntos, solo cuando yo quisiera y así fue», dijo Marisol con vehemencia.

La dolorosa partida de Perla

Una vez aprobada la visa, Nenita fue a visitar a su hija y a conocer a su nieta. Para ella, Perla era el mejor regalo de vida que su amada Solapa podría haberle obsequiado. Hasta ese momento, nadie sabía de la existencia de la niña. Tan pronto la mamá de Marisol llegó, supo que tenía que regresar con Perla a Santo Domingo. Su instinto maternal le decía que su hija al fin tenía la estabilidad emocional con un hombre bueno. También consideraba que la joven pareja necesitaba un espacio para conocerse más, por lo que, a los pocos días, Perla viajó con su abuela a la isla donde había nacido su madre.

«Cuando mi mamá partió con Perla, sentí que me arrancaban el alma. No quería dejar ir a mi hija y tampoco quería quedarme sola con Carlos, porque tenía miedo de lo que pudiera suceder. Con todo mi dolor tuve que tomar esa decisión; además, les debía una explicación a mi padre y a mi hermano, para que pudieran entender lo que había vivido hasta ese momento. Preparé una maleta con todo lo necesario y mi mamá regresó feliz. Me quedé con Carlos y ahí entendí que necesitaba una oportunidad, que era joven, podía vivir y sentir otra vez amor, que ese sentimiento sí existía, como también las almas gemelas que llegan a tu vida para cambiarla. Estar solos fue nuestra luna de miel. Mucha gente pensó que estaba con él por dinero, pero después se dieron cuenta que no, era un amor bonito, de verdad, mágico. Yo llegué a su vida para cambiarla y él a la mía con el mismo propósito.

Entendimos que nacimos el uno para el otro. Empecé a florecer y a crecer en mi vida personal y empresarial».

Por un tiempo Marisol no trabajó porque su esposo quería que estuviera con él las 24 horas del día.

Al regreso de Perla, se compraron una casa en Coral Way, para que la niña tuviera el espacio suficiente para jugar. Un año después, quedó embarazada.

La llegada de Carlitos

El embarazo de Marisol trajo aún más alegría y unión a la pareja. El 19 de diciembre del año 1995, nació Charlie por parto natural y sin complicaciones en el Mercy Hospital.

«Arreglamos la casa de Coral Way con una habitación hermosa para Charlie, todo en azul y otra para Perla en rosado. Vivíamos muy felices. Charlie era un niño amoroso, dulce. La familia de Carlos estaba muy contenta porque era el primer varón que llevaría el apellido Casola. Perla estaba loca con su hermano y como desde pequeña ha sido muy madura, lo protegía. Tuvieron una infancia súper linda. Perla siempre le ha dicho a Carlos papá y Charlie creyó que Perla era su hermana de madre y padre, hasta que después creció y entendió todo. A pesar de ser de padres diferentes son muy unidos y se quieren mucho», comentó Marisol de sus amados hijos.

***

Perla es una exitosa modelo y su hijo es un empresario que siguió los pasos de su progenitor: junto a su padre lleva las riendas de la pizzería Casola.

Sobre su mamá, Charlie no tiene más que piropos: «A mis ojos, es la más bella, amorosa y mejor mamá del mundo. Siempre está pendiente de mí y de toda la familia.

De ella aprendí que nadie te puede quitar tu paz, que eso es tan valioso como la humildad».

Marisol contrajo matrimonio con el papá de Carlitos un 4 de diciembre, día de su cumpleaños. Su hijo tenía un año. Aunque ella no quería casarse de blanco porque sentía que no era digna de lucir un traje del color que simboliza la pureza, su suegra Tuntuna insistió y fue la encargada de seleccionarle el hermoso vestido que usó en el acto civil. Ella y su esposo llenaron la casa de flores blancas, como le gustaban a su abuela Margot y de hermosos detalles. Sus hijos Carlitos y Perla fueron sus pajes. Fue una gran celebración que unió a las dos familias. Su papá viajó de Santo Domingo para acompañar a la hija de sus ojos. Marisol consideró que de esta forma cerraba capítulos dolorosos de su vida amorosa. «Había encontrado al príncipe verdadero que siempre soñé, el que llegó para quedarse», afirmó con cara de felicidad.

Su comienzo

Pensando en estar más cerca de sus hijos y también con las ganas de empezar a mostrar lo aprendido como estilista, con el apoyo de su esposo, Marisol acondicionó un espacio en su casa de Coral Way e inició con la mayor ilusión su primer negocio en Miami, pero de manera ilegal al tenerlo en su hogar.

Cuando pensaba que todo iba bien y que comenzaba a ganar sus primeros clientes, una vecina la denunció y un día recibió la visita de los temidos inspectores de la ciudad. Trabajar de manera ilegal le costó la anulación de su licencia, hacer servicio comunitario y pagar una multa, pero lo más importante de esa experiencia fue el aprendizaje que le dejó.

«Para mí, fue algo que vino a cambiar mi vida; me vi obligada a salir y tener un negocio en la luz. Considero que nosotros los latinos, muchas veces queremos vivir en la oscuridad a pesar de que llegamos a un país lleno de oportunidades y de cosas lindas para poder salir adelante, pero uno vive con una mentalidad de querer estar escondido, hacer dinero sin reportar los *taxes* y todo ese tipo de cosas. Creo que Dios puso esa experiencia en mi camino para que cambiara mi forma de pensar», narró con convicción sobre los inicios de su negocio.

Durante ese trance, Marisol siempre tuvo el apoyo de su esposo Carlos, quien le manifestó que era tiempo de darle un vuelco a su vida profesional y cambiar su rumbo.

«Carlos me dijo que ese era solo el primer tropiezo y que, si me caía, aunque el piso estuviera lleno de aceite haciendo alusión al día a día de su negocio, que me limpiara y siguiera adelante. Siempre me ha dado muchísimo valor y me ha sustentado en los momentos difíciles, como cuando comencé a emprender. La mujer de negocios que soy ahora se la debo a él, quien ha sido mi soporte. Carlos ha sido el ángel de luz que vino a cambiar mi vida», confesó.

Después del intento fallido con su primer negocio en Miami, Marisol no se dio por vencida. Con el apoyo de su esposo y de su familia, continuó. El camino de esta empresaria ha estado lleno de traiciones y deslealtades, las cuales no la han amilanado. Y por encima de todo, destacó la importancia de cultivar la humildad.

«Nadie es mejor que nadie y no soporto cuando alguien que cree tener un poco más que otro, humilla. Debemos ser humildes. No puedo aceptar los estereotipos y no me gustan las personas que no son agradecidas y que hacen las cosas esperando recompensa, las que buscan dar lástima y se aprovechan de situaciones, incluso personales, para obtener beneficios. Nunca espero nada a cambio, porque lo que haces por los demás, lo estás haciendo por ti. Soy muy trabajadora y eso me ha llevado a ser lo que soy hoy. Si siembras trabajo, recogerás éxito. Si siembras amor, vas a recoger felicidad, sonrisas. A la larga o a la corta, recoges lo que siembras. Adopté una frase del Papa Francisco: "Quien no vive para servir, no sirve para vivir". Esa es mi consigna de vida», enfatizó.

Marisol ha demostrado que nadie es profeta en su tierra. Ella, lejos del suelo que la vio nacer, logró destacar. Ha vencido cada obstáculo, se ha levantado de las caídas para convertirse en una de las más reconocidas estilistas del Sur de la Florida. Ningún triunfo nace de la nada. Ella vino, como lo predijo su mamá, a cumplir un propósito de vida y no ha sido otro que servir. Marisol ha sido besada por el éxito.

Así es Marisol

Color favorito:
Rosado fuerte (pink).
Pasión:
La comunicación y la peluquería.
Éxito:
Ser feliz con lo que eres y lo que haces.
Propósito:
Servir.
Tu mayor virtud:
Siempre dar sin recibir nada a cambio.
Palabra preferida:
Sin filtro.
Frase favorita:
"Quien no sirve para servir, no sirve para vivir".
Tu amor:
Mis hijos, mi esposo y mis padres.
República Dominicana:
El ombligo de mi vida.
Lo que más disfrutas:
Estar en casa con mi esposo y mi familia.
Comida preferida:
Cualquier plato con berenjenas.
Qué legado desearías dejar:
Que nadie dude de que el esfuerzo es recompensado.
Llegué a Estados Unidos sin dinero, sin dónde vivir y logré
mi emprendimiento. Todo se logra con humildad y trabajo.
Eso se lo he enseñado a mis hijos.
Tu mayor miedo:

Quedarme sin familia, porque ellos son mi ancla, mi vida
Te arrepientes de algo:
No, de nada. La vida está llena de enseñanzas. Aprendí de todo lo que me tocó. Lo agradezco.
Un sueño por cumplir:
Ver a mis hijos bien casados y con hijos. Tener una casa de cuidado diario, *home care,* en la que pueda estar toda mi familia junta: mi suegra, mis padres y mi propio esposo, donde pueda cuidarlos y seguir dándoles todo mi amor.
Música:
Jazz. Me encanta Kenny G.

Recuerdos que valen oro

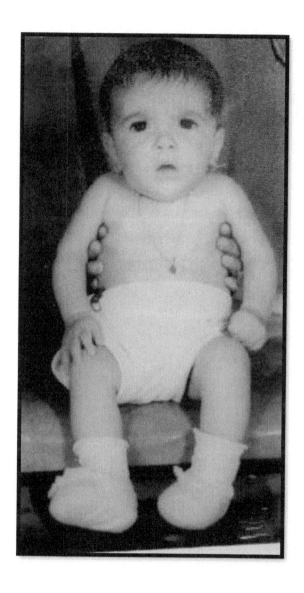

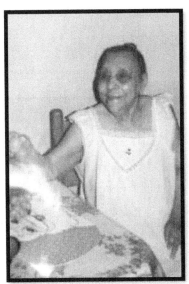

Marisol Casola: Besada por el éxito

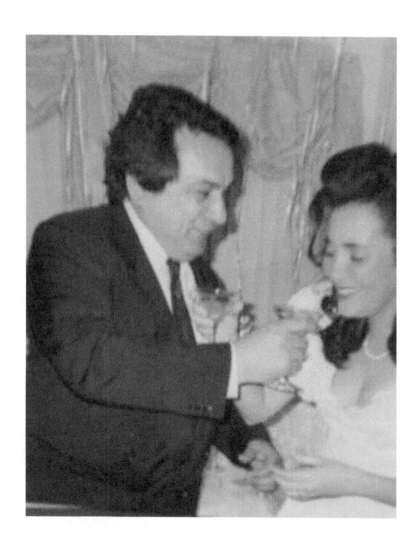

Marisol Casola:
Besada por el éxito
Marybel Torres
®Copyright 2020, todos los derechos de edición reservados.

Made in the USA
Monee, IL
08 November 2020

46948664R00069